ぼくは
◇◆◇
カサンブク大将

文　澄志田瓢策
絵　鈴木まり子

目次

怪しい二つの灯り

ここは町から遠く離れたのどかな山あいの里。

冷えこんで、しんと静まり返った御蔵の里です。

夜通し、荒れ狂うように吠えていたからっ風も、今はうそのようにすっかり止んでいます。

どんよりとした灰色の雲が垂れ下がって、まだ眠っている小さな里が、新しい朝を迎えようとしていました。

すると、里の夜明けには、見たこともない不思議な光景が遠くに現れました。

ほの暗い御蔵山のふもとあたりで、ポッポッポッと奇妙な赤い灯りが点滅を不規則に繰り返しているのです。

それが何であるのか、遠くからでは、さっぱりわかりませんでした。

近づいてみると小さな灯りが二つ、ゆっくりと御蔵山の杉林に見え隠れしながら林道を登って行くようでありました。

あたりは、まだ濃い霧が視界をふさいで、見えるのはユラユラと動く何か怪しい二つの灯りだけでした。

時折吹く山おろしの風が杉林を揺らして、むせび泣くような音を立てています。

その音を割くようにして、霜柱を踏む音でしょうか、ザックザクザックという音が妙に澄んで聞こえてきました。

少し間があって、たちこめていた霧が急にどこかへスウッと消え失せたときのことでした。

目の前に突然、リヤカーを引っ張って山道を登っていく小さな影が飛び出してきたのです。

それは五人の子どもたちでありました。

前で引っ張っている子が一人、うしろ側であと押しをしている子が二人、男の子三人でリヤカーを前に進めています。

リヤカーのすぐ前には、道先案内の灯りでしょうか、赤いホオズキ提灯を持った女の子が二人おりました。

そうです。里から遠くの方に点滅して見えた二つの赤い灯りの正体は、このホオズキ提灯だったのです。

リヤカーの荷台には、ブルーシートがこんもりとかけられています。何かを積んでいるようですが、その中身はまったく想像もつきませんでした。肌を刺す冷たい空気に子どもたちのほっぺは、もう真っ赤です。

「ヨイサ、ヨイサ!」

リヤカーを前で引っ張っている男の子が前傾姿勢を強くとりながら、息を切らせて掛け声をかけます。

はく息が湯けむりのように白く、口から出ては消え、消えてはまた出てくるのです。

「さぁみんな、もう少しで〈高いとこ〉に着くぞ、がんばろう!」

あと押しする男の子の声に、他の四人も同時に(オー)と、元気な声を張り上げました。

御蔵山を見下ろす後方のひと際高い峰々の頂上が、燃えるようなだいだい色に染まってきました。

リヤカーのタイヤに、気ままなつむじ風が、湿った落ち葉をクルクルッと巻きつけて朝の遊びを楽しんでいます。

暦は二月に入り、明日はもう節分という日の里の夜明けでありました。

さぁ、今から目指す〈高いとこ〉で子どもたちは一体、何をしようとしているのでしょうか。

それは前の年の夏休みから五人が準備を重ねてきた〈おじいさんとのある約束〉を果たそうとしていたのです。

鐘つき堂の五人組

御蔵の里の六年生は全部で五人、隣村の奥秋葉小学校に通っています。

五人は小学校最後の夏休みに入っていました。

仲良し五人組は、毎日午後になると、きまって里のお寺に遊びに来ます。

最初にやることはいつも決まっていて、小屋へ竹のほうきと石みを取りに行くのです。

今はお寺のすみっこにある太いサルスベリの木の紅い花や、松葉、セミの抜け殻が境内に散らかっていて、その後片付けを日課としていました。

給食当番のように手ぬぐいでほっかむりして動き回る姿は、まさに一休さんそっくりのお寺の小僧さんでした。

掃除のあとは、長縄飛びや輪投げ、ドッジボールなどで遊びます。

おしまいはきまって、本堂の前にある鐘つき堂に上がっていきます。県の文化財にも指定されている由緒ある細長い梵鐘の下で、ゲームやおしゃべりを楽しみます。

まるで自分たちだけの隠れ家のように使っていたのです。

この鐘つき堂は三メートルほどの高さがあって、太くて枝もたわわな松の木に四方を囲まれています。

ですから、風通しがよく暑い日も涼しくて、とても居心地がよいのです。

松の枝越しには、四季折々に表情を変えるあざやかな里の景色も一望でき、目も楽しませてくれました。

五人組が占領している鐘つき堂には、実はもう一人毎日上がってくる人がいます。

この寺のじい和尚さんです。

五人は鐘つき堂に上がる前に、

「おしょうさまーおでましー」

元気な声で呼びに行きます。

和尚さんも五人組を、本堂で首を長くして待っているのです。

「はいはい、今日も庭をすっきりしてくださったな、いつもご苦労かけますなぁ、ありがとう」

そう言って、ご機嫌な顔でお出ましになります。

小柄で足腰が弱くなっている高齢の和尚さんを、男の子がおんぶして、毎日一緒に鐘つき堂に上がっていくのです。

和尚さんは、子どもたちのおしゃべりをしばらくは聞いています。

そうして自分も童心に還っているようでありました。

でも、いつのまにか隅の柱にもたれて気持ちよさそうに、まどろみの時間となります。

住職の仕事は、もう息子さんに任せていて、日々のんびりしていたのです。

さてさてお待たせしました。

この鐘つき堂の仲良し五人組を紹介しましょう。

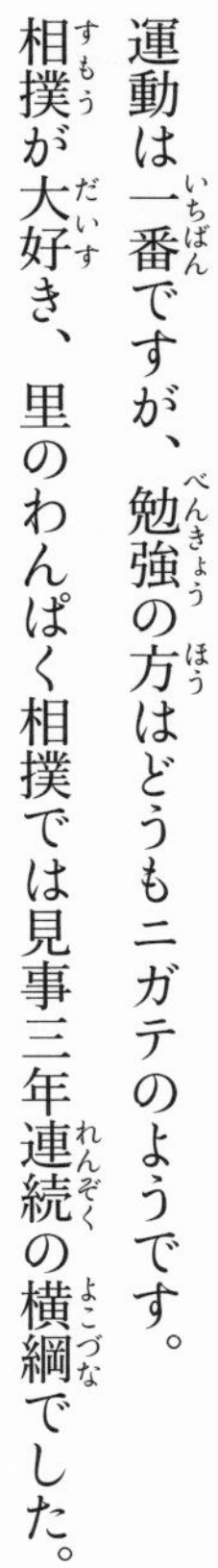

岩田健太朗（いわた　けんたろう、通称ケン坊）

体格と体力はバツグンです。

手先も器用で、自転車チェーンのさび落としや速度の切り替え調整は自分で上手にこなします。

運動は一番ですが、勉強の方はどうもニガテのようです。

相撲が大好き、里のわんぱく相撲では見事三年連続の横綱でした。

今年は学校で風紀委員長を務めています。

家は先祖代々、山の仕事（林業）です。

無口で、いつもお話の聞き役になっていますが、とても気のやさしい力持ちで

す。

鈴木順之介（すずき　じゅんのすけ、通称ジュン坊）

冗談やダジャレ、物真似で友だちを笑わせてばかりいます。

先生からは「ジュンくん、チョロチョロしないで、少しはおちつきなさいね」と、よく叱られています。

江戸の小話や昔話が大好きで、それを朗読するのが趣味です。

ヘビやトノサマガエルを平気で素手でつかまえては、友だちをビックリさせるイタズラ小僧です。

サッカーが大好き、小柄で好奇心旺盛な農家の長男坊です。

加勢　一（かせ　はじめ、通称ハカセ）

学校では児童会長として、ナンバーワンのリーダーです。家に卓球台があって、大学時代は選手だったという父親の指導を受け、前年は地区の小学生チャンピオンになりました。発電所に勤める父親の関係で、五年前に都会から引っ越してきました。文武両道、きりりとした顔立ちもあいまって、女子からはバツグンの人気があります。

楽しみは図鑑を片手に双眼鏡での天体観測です。

いつか偉い博士になるかも知れないと、みんなからは加勢と博士をもじってハカセと呼ばれています。

女子は、どちらかというと静と動、性格も正反対の二人です。

中村志那（なかむら　しな、通称シナコ）

児童会の副会長、男子が悪ふざけやケンカを始めると、必ずやめなさいと大声をだして仲裁に入ります。

女子からは一番たよりにされる存在です。

背が高いので、ミニバスのポイントゲッターでもあります。

美容院をしているお母さんは「うちの志那は、わがまま放題のお転婆で、まぁ困ったもんです」と、お客さんに嘆いていますが、シナコの作る焼きそばだけは、天下一品と認めてくれる料理上手です。

おしゃべり大好きで、話し出したらしばらくは止まりません。

平田桜子（ひらた　さくらこ、通称サクラ）

家がお茶の栽培とお店を開いていて、新茶の忙しいときは、お店の手伝いをします。

愛くるしい笑顔と仕草で、お客さんからも大人気です。

幼稚園のころからピアノを習っていて、学校の文化祭では、いつもピアノで名曲を披露します。

志那と違っておっとりとした性格で、涙もろさは誰にも負けません。

里の成年会が主宰する美術クラブの小学生部長で写生が得意です。

宿題は人のためになること

夏休みも中盤に入りきょうは祝日、山の日でした。

お昼ご飯がおわると、仲良し五人組は連れ立ってお寺に向かいました。

いつものように、和尚さんをおんぶしてケン坊が鐘つき堂の階段を上がっていきます。

そのうしろで、ジュン坊が、和尚さんのお尻に両手と鼻をくっつけて、落ちないようにあと押しです。

ジュン坊が、

「和尚さまぁー、オナラはダメですよ。オラの鼻がつぶれちゃうからね」

「ジュン坊ヤイ、屁っぷりかい、さっき出したばっかりだから、当分は大丈夫だよ、でもな油断はしないで気をつけておくれや」

冗談まじりに言う和尚さんのお尻を、ジュン坊がポンとたたいて、みんなで大笑いです。

きょうの鐘つき堂では、学校の秋の芸能祭の進行係など、それぞれの役割をきめました。

そのあとは、いつものようにジュン坊の昔話の朗読です。

「昔々、金持ちのじいさまがいて……三人の息子がおった……。

……なるほど、やっぱり長男だけのことはあると、じいさまは感心して長男に自分のあとを継がせたとさ、めでたし、めでたし」

テレビ番組のナレーターを真似た語りに、笑いと拍手喝さいの大うけでした。

それも一段落したときのことです。

「ねぇねぇ、相談があるの、聞いてちょうだい」

児童会副会長の志那が、みんなに声をかけました。

「今からはね、真面目な会議になりますよ。この五人で卒業までに、何か人のためになることができないかしら。そうしたらよい思い出になるし、一人じゃできないことも、五人で協力したら何かできるような気がするの、どうだろう」

せっかちなジュン坊がすぐに、

「悪い冗談です。誰かのためになることなんて、ワタクシには不可能でございます。自分の勉強で脳みそが一杯ですハイ」

ふざけたジュン坊に肩をすくめて反応したのは、おとなしいサクラでした。

「シナコのせっかくの提案なのに真剣に考えなさいね、いつもそうやって、話をはぐらかすのは悪い癖だわ」

暫くの間、無言の時間がありましたが、ケン坊やサクラからは、前向きな話も出始めてきました。

ジュン坊は相変わらず黙って、そっぽを向いて知らんぷりです。

シナコの提案をまとめるように、一つの考え方を示したのは、児童会長のハカセでした。

「シナコの言うとおり、この五人で卒業までに何かいい思い出づくりをしようじゃないか。

いいかい、ボクは、この五人が一人ずつ誰かのためになるようなことを何か考えて、それを五人が協力してやりとげたらいいと思うけど、どうだろうか。そうすれば五つもよい思い出ができるからね」

ハカセの言葉に、サクラが、

「それそれ、それがいいわ。さすがハカセだわ、シナコ、ケン坊それでいいわねぇ」

シナコもうれしそうに、右手でピースのサインです。

「それならオラも仲間に入ります。誰か人のために何かをするとは、なんてご立派、素晴らしい考えです。ウン、拙者も大賛成で参加します」

すました顔で仲間入りを宣言するジュン坊でした。

シナコの思い出づくりの提案は、今は病気で療養中の陽子先生からの助言がきっかけでした。

夏休みに入る前、先生にお見舞いの手紙を書くと、御礼の返信はがきの中に『志那さん、里の五人で何か奉仕活動をして、六年生最後の思い出づくりをされたらどうでしょう』と、書いてあったのです。

シナコは、そのこともみんなに報告をしました。

善は急げということで明日までに、誰か人のためになることを何か考えてくることを宿題にして、会議終了となりました。

遠くから乳牛たちのムモゥーン・ウモォーンという、のんびりした鳴き声が聞こえています……。

柱にもたれた和尚さんが小さくイビキをかいて、心地よさそうに舟をこぎ始めておりました。

シナコは先生のお見舞いに

次の日、鐘つき堂に上がった五人は、それぞれ宿題の発表です。誰かのためにやってみたいことをあげて、それをみんなで応援してやりとげようという宿題でした。

お調子もののジュン坊が

「オラから言うよ、忘れんうちに発表しまーす」

それを聞いた四人と和尚さんが手をたたきます。

ジュン坊の人のためになることは、御蔵山の、そのまた奥の山で炭焼きをしている自分のおじいさん（孫八さん）を訪ねて「一日炭焼きの手伝いをし、お昼はバーベキューをしたい」と発表しました。

サクラは、奥秋葉小学校の卒業生十五人全員の作文と先生のことばを入れた「卒業記念の文集を作る」ことにしました。

シナコは、五人が三年生のときの担任の先生で、今は体調を崩して休職中の「伊藤陽子先生のお見舞いに行く」ことでした。

これには『先生に会いたいね』と、他の四人も大賛成、大きな拍手をシナコに送りました。

ハカセは、里にひとりで住んでいる「大軍曹さんの家で、一日中、掃除や布団干し、肩もみなどのお世話をしたい」と発表しました。

大軍曹さんとは、七十年ほど前の戦争で左足をなくし、今は松葉杖で、里の一番奥に独りで住んでいる背の高いおじいさんのことです。

杖をつき、お寺でお墓参りしている姿を五人は遠くから何度か見かけてはいましたが、お話したことはありませんでした。

以前、和尚さんがおじいさんを「大軍曹さん」と呼んでいたのを聞いていた五人は、同じように呼ぶことにしていました。

ハカセは、自分のひいおじいさんが戦争で死んだことを父親からよく聞いていて、日ごろから、大軍曹さんのことが気になっていたのです。

発表の最後は健太朗です。

「自分は、ずっと昔、御蔵の里で盛んであったカサンブクをじいちゃんの命日（亡くなった日）に〈高いとこ〉でしてみたいです」

それにはハカセたちもチンプンカンプン、何のことなのかさっぱりわからない表情で、一斉にケン坊の顔を覗き込みました。

何しろカサンブクという言葉を聞くのは四人とも初めてだったからです。

子ども念仏カサンブク

それは二年前の二月、明日が節分という日の夕方のことでした。

豆まきをひときわ楽しみにしていたケン坊に、突然とても悲しい知らせが届いたのです。

勝丸さん（健太朗の祖父）が、山で足を滑らして崖下の沢に転落し、病院に運ばれたのですが、亡くなったということでした。

勝丸さんは、初孫のケン坊をかわいがり、よく面倒もみてくれました。動かなくなったおもちゃなどは、いつも元通りに直してくれ、健太朗にとっては頼りになる修理屋さんでもありました。

ハカセたち四人も、夏休みの工作は器用に道具を使いこなす勝丸さんにいつも仕上げを見てもらっていました。春には山へタケノコ掘りにも連れていってくれ、たいそう世話になっていたのです。

だから、みんなは「じいさま、じいさま」と呼んで、頼りにしていました。

あれは亡くなる前の年の八月、お盆の日のことでした。

「なぁケン坊、じいちゃが死んだらな、高いとこ（里のお墓があるところ）でカサンブクしてくれんか、イッチョヤレヤレって威勢よく掛け声かけてよぉ。

それからなぁ〝♪野辺の送りのそのときは…〟ってな、七五調の調子のよい歌念仏が続いていくんだよ、懐かしいなぁ。

じいちゃも、お墓の中で子ども時分を思いだして念仏しとるから、頼むわな健

太朗」

カサンブクの話になると、前の二本の金歯をむき出しにして懐かしそうに声もうわずる勝丸さんでした。

それには「バカ言うでねぇ、じいちゃんは元気モリモリじゃないか、そんな先のことは約束できんな」と、適当に答えていたケン坊でした。

そんなやりとりを覚えていた健太朗は、誰かのためになることをしようという、シナコの提案に、勝丸じいさんの願いごと「カサンブク」を選んだのでした。

怪訝な顔のみんなに、健太朗がカサンブクのことを、ゆっくりと説明していきます。
◎御蔵の里では、八月のお盆になると、カサンブクという子ども念仏が盛んであったこと。
◎それはずっと昔のことで、里のカサンブクの伝統行事がなくなってから、もう六十年ほども過ぎてしまっていること。

◎カサンブク（傘鉾）とは、大きな蛇の目の傘のまわりに一メートルほどの赤い布をたらしてその中の柄のところに行燈をともしたものをいうこと。
◎このカサンブクを振って踊り、カサンブクのうしろには、赤いホオズキ提灯をつけた盆のくるま〝リヤカー〟がついて行くこと。
　そして、子どもたちが初盆の家々を訪ね、太鼓の音に合わせて、イッチョヤレヤレヤレヤレ…の掛け声で死者の霊をなぐさめるお念仏を唱えていくことなどを、詳しく話していきました。

「自分一人じゃできんけど、みんなが手伝ってくれれば、じいちゃんが大好きだったカサンブクができるかもしれない」

　健太朗が、再度そうお願いするように発表した、そのときです。

　居眠りしていたはずの和尚さんが、急にグイと身をのりだしてきて、

「ナニナニ、カサンブクだと、本当にあのカサンブクのことだね、勝丸じいちゃんそりゃぁ喜ぶぞ。和尚からも是非お願いじゃ。楽しみが増えましたな、ウーン

御蔵
御蔵
御蔵
御蔵
御蔵
御蔵
御蔵
盆
盆
盆
盆
盆
盆
盆
盆

生きていてよかったわ」

嬉しそうに話の輪にいきなり飛び込んできたのです。

眠ったふりをしていましたが、耳はしっかりと動いていました。

和尚さんは、カサンブクが大好きだった勝丸さんのこともよく知っていて、子どもの頃は一緒に遊んだこともあったそうです。

もちろん和尚さんもカサンブクが大好きでしたから、いつもの低い声が甲高く弾んでおりました。

それにジュン坊たち四人も世話になった「じいさま」だけに、その願いを叶えてあげたいという、同じ気持ちになっていたのです。

こうして五人の誰か人のためになることの大筋が決まり、それぞれに日程や準備などの行動計画をつくることを約束して、鐘つき堂での今日の会議が終了となりました。

炭焼き五十年の孫八さん

五人がそれぞれ発表したことは、前の年の夏休みのあと、一つずつ実行されていきました。

健太朗をのぞいた四人の、人のためになることは、もうすべて終わっていたのです。

ジュン坊が提案した炭焼きのおじいさんを訪問したのは、秋の真っ盛りのことでした。

孫八さんは毎年、秋から冬にかけて、ずっとひとりで炭焼き小屋に泊まって炭を作っています。

家で飼っている大きなラブラドールレトリバーのガンタを用心棒に連れてきていました。

カランコロンと水車が響き、山を真っ赤に染める紅葉が見事なまでにあざやかに映える日でありました。

あたたかな日差しを受けて、半そで姿の五人は細くて揺れるつり橋をワイワイ騒いで渡って行きます。

すんだ空のもと、マイナスイオンをいっぱい吸い込んで、まるで遠足のようにはしゃいでいたのです。

体力自慢の健太朗が、バーベキューセットや食材などが入った大きなリュックサックを背負っています。

リュックには熊よけの土鈴もついていましたから、チリリンリンの鈴の音も一行の足取りを余計に軽やかにしておりました。

途中『熊出没注意』の看板には、やっぱりみんなドッキリです。

二時間ほど山道を歩くと、炭焼き小屋が近いことを鼻が知らせてくれました。

五人の鼻がムズムズしてきたからです。

遠くの方に孫八さんの軽トラックも見えてきました。

するとガンタがウォンウォン吠えながら、ジュン坊めがけて猛ダッシュをかけてきました。

しっぽをちぎれんばかりに振って大喜び、久しぶりのジュン坊との再会にジャンプして飛びついてきたのです。

悲鳴をあげて転びながらも、大きなガンタをしっかり抱きしめるジュン坊でした。

みんなの鼻に、今度はいぶした煙の強烈なニオイが入ってきました。

うす茶色のメガネをかけ、手ぬぐいでほっかぶりして、白い無精ヒゲをさんざん伸ばした孫八じいさんが、窯の前でお迎えです。

「みなの衆、こんな山奥によく来てくれたのう、ここんとこ、鹿やイノシシとは出会うが、人と会うのは久しぶりじゃよ、ワッハッハッ、よく無事にこんな山奥まで来れたのう」

二本欠けた前の歯や、密集した白い鼻毛を見せて、喜色満面な様子で曲がった腰をウーンと伸ばしました。

炭焼きの窯からは、黒いようで白いけむりがモクモクと出ています。

小さなテントぐらいの赤茶色の古びた窯が二つ並んでいました。

窯のすぐ横には、孫八さん特製のドラム缶のお風呂と、工事現場でよく見る簡易トイレも置かれていました。

五人が最初に頼まれたのは、窯の前のたき口で火を絶やさんように、枝木を入れ続けることでした。

「煙たいから、みなの衆このマスクをしなさいね、ワシはこの鼻毛がマスクの代わりになっとるから便利でいいわい」

みんなは笑いながら、マスクをつけて作業開始です。

ジュン坊たちは、ぎこちなく腰を曲げながら、窯の奥に枝木を投げ込んでいきました。

窯の温度を上げるための、まだ準備段階の火入れです。

おじいさんは、炭の出来ぐあいを、けむりの色とニオイでわかると言います。

だからジッと煙を見て、耳やら鼻やら五感を常に研ぎ澄ましているそうです。

「ワシはなぁ、カシとヒメシャラの木しか使っとらん。

木の乾燥ぐあいを手で触ってみて、いいものだけを窯に入れるんじゃよ。それがワシのコツだよ」

こだわりの炭だという自慢げな話に、みんなは、すっかり聞き入っていました。

「じいちゃんは働きもんだなぁ、炭を作ったら日本一じゃ」

ジュン坊がベタベタにほめると、

「いんや、これしかできんのじゃ、ワシんあと、ジュン坊が跡継ぎしてくれるなら、みっちり仕込んでやるぞ、アッハッハッ!仕事はしんどいし、こんな山奥はまっぴらじゃなぁ、携帯もつながっちゃおらんしな」

顔をふにゃふにゃにして笑っておりました。

「おじいさま、目の調子はいかがですか」

突然のサクラの声に、

「うん、ありがとう、大丈夫だよ、よくもならんし悪くもならんで、心配せんでもいいよ。この前、車の免許証の更新もできたしね」

その声に、ひと安心の五人でした。

実は孫八じいさんの左目は義眼で、失明しています。

利き目の右目だけで見ていることを、みんなは以前から知っていました。

若いころ、遠方で土木工事の仕事をしていたときのことです。

手にしていた工具の刃が左目に飛び込み、手術はしたものの見えるまでには回復しませんでした。

そんなことがあって以来、里に帰り稲作と炭焼きの仕事に専念し、息子（ジュン坊のお父さん）さんたちを育ててくれたのです。

ジュン坊が、おじいさんのうす茶色のメガネを手にとり、レンズにこびりついている灰を、濡れたタオルできれいにふきとっていました。

窯の前では、シナコがバーベキュー用のコンロを使って、明太子焼きそばの準備に入っています。

火力はもちろん、孫八じいさんの炭です。

シナコは今朝早く起きて、キャベツやニンジンにピーマン、肉などの具材を下ごしらえし、透明な容器にそれぞれ詰めこんできました。

鉄板の上では具材がジワジワとうまそうな音を立てて、ピョンピョンと踊り始めます。

サクラを助手にして、麺に水をかけると、一瞬水柱があがり、シナコ自慢の明太子焼きそばが、またたくまに完成となりました。

「うまいなぁ、ここで出来立ての焼きそばを食べるなんて最高じゃ、ありがてぇなぁ、おぅおぅソースのニオイが鼻毛にからんで、余計にうまいわい」

伸び放題の白いあごひげに赤いショウガと青のりをくっつけながら、満面に笑みを浮かべています。

左目が見えないという大きなハンデを背負っても、それをはね返して、いつも陽気にふるまう孫八さんでした。

美味しそうに食べるおじいさんに、シナコとサクラは目を合わせニコニコしながら以心伝心、きょう訪ねてきて本当によかったわねと、無言でことばを交わしておりました。

焼きそばのあとは、孫八じいさんがシイタケを丸ごと焼いてくれて、採れたばかりの山の味をみんなで楽しみました。

露天風呂と満天の星

お昼のあとは、小屋で横になった孫八さんを男衆が交代でマッサージです。

最初は、くすぐったいとケラケラ笑って、まるで子どものようでした。

ハカセが腰をもむ手に力をいれながら、毎日の楽しみを尋ねると、

「そうだなぁ、満天の星を見ることかなぁ、ドラム缶の露天風呂に入って星を観察しているヤツは、広い世界にもワシしかおらんよ、ウァッハッハッ。流れ星も飛ぶし、青くピカッと光るシリウスは星の王様じゃ。山で見る星は格別きれいだぞ。どうだ、みんな泊まって見ていくか」

間髪を入れずに、

「シリウスはボクも大好きでよく眺めています。ベテルギウスとプロキオンで冬の大三角のひとつですね、一番明るい星なので、すぐにわかりますね』

いつも星の図鑑で勉強、観察をしているハカセは、手を休めて目を輝かせての返事でした。

そんな話をしているうちに、おじいさんは、もみほぐしで気持ちがよくなったのか、うっすらと眠りに入っていきました。

帰りぎわには、

「ジュン坊、ええ友だちサいてありがたいな、みなの衆、順之介が悪さをしでかしたら、ウンと叱ってくださいや…」

心配しながら、みんなに頭を下げて頼んでおりました。

口には出しませんでしたが、孫八さんにとって一番の楽しみは、何といってもかわいい初孫、ジュン坊の成長でありました。

おみやげに持たせてくれたのは、裏山で栽培している丸々と太った、ほだ木の秋子(秋のしいたけ)でした。

山の秋はあっという間に、厳しい寒さの冬を迎えます。

五人は、かぜをひかんよう気をつけてね、また里で会いましょうと、孫八じいさんを気遣い、煙ただよう炭焼き小屋をあとにしました。

ガンタが軽トラの荷台から飛び降りて、しばらく別れを惜しむように、ジュン坊のあとをついてきておりました。

来るときとは違って、ガンタのしっぽは、つらそうに小さく揺れているだけでした。

それ以上に寂しかったのは、遠くで手を振っている孫八じいさんであったのかも知れません。

卒業記念文集と陽子先生

サクラが計画した卒業記念の文集も、奥秋葉小学校のパソコンを利用して立派に仕上がっていきました。

里の五人組はともかく、隣村の十人の六年生も、気持ちよく文集の作成に協力してくれました。

表紙のスケッチは絵の上手なサクラの担当でした。

木造校舎の少しひびの入った板塀と校舎の後ろの山々が、山間の地の学校であることを見事に描写していました。

サクラは文集に、将来はピアノの先生になりたいと綴っていました。

シナコはスタイリストに、ジュン坊は有名な声優さんに、ケン坊は家業をついで林業の仕事に、ハカセは卓球の五輪代表選手にと、将来の自分像をそれぞれ文集に描いておりました。

五人が三年生のときに教わった陽子先生を訪ねたのは、お正月の三日のことでした。

療養所での治療も半年ほどになっていました。

桜子

お見舞いをこの日にしようと言い出したのはシナコです。

ベッドでひとりきりのお正月は、きっとつらくて寂しいだろうと、先生の身を案じたからでした。

里の駅から一両だけの電車で二時間、それからバスに乗り継いで二時間、朝早く出発したのに、療養所についたときは、もうお昼でした。

突然の再会とあって、こらえきれずに涙していた陽子先生も、だんだんと笑顔が戻ってきました。

一人部屋の病室は五人が入ると、もういっぱいです。

ふっくらとしていたはずの頰が落ち込んだ顔に、みんなは入院が長引いていることを感じていました。

シナコはサクラと一緒に作った折り鶴を、ベッドの手すりに吊るします。

「こんなに寂しいお正月は初めてよ。でも、みんながこうして先生のことを思っていてくれるなんて、とっても嬉しいの、ありがとう、ありがとう」

そんな先生を元気づけようと、

「きのうの晩にね、シナちゃんと私のおばあちゃんの三人で、早く先生が退院できるようにって、心をこめて作った草団子です」

サクラがそう言って、菓子箱を先生に渡します。

クマザサで包んである草団子を、一つつまんだ先生は、

「ワァうれしい、桜子さんのおばあさんのお団子は天下一品の評判でしたね、見るからにおいしそう、ヨモギのやさしい香りがしてきたわ、ワーイ、御蔵の里のお味いただきます。先生感激、また泣きそうだわ」

そう言って、おいしそうに一個ペロッと口にしました。

五人は先を競うように、学校の様子やカサンブクの練習をしていることなどを矢継ぎ早に、先生に話します。

「へぇー、そうなの、へぇー、そうなの」と、先生は素っとん狂な声の連発です。

狭い病室に大きな笑い声がしばらく続きました。

「もうすぐ中学生になるのね、みんなたくましく成長してくれましたね。里のみんなが来てくれるなんて思ってもいなかったから、ホントに嬉しいわ。こんなに笑ったのも、ウーン久しぶりです。教師をしていてよかったって、今つくづくそう思っているの。ちょっと早いけど、六年間の努力賞をみんなにあげるわね、気持ちだけで賞状はないけど許してちょうだいね」

先生からのおほめの言葉に、五人はまんざらでもない顔をしておりました。

お別れにシナコが代表して、

「先生、早くよくなってくださいね」と励ますと、

「ありがと、シナちゃん」

そう言ってまた子どものように泣きだした先生でした。

シナコは先生の枕もとにあった写真立てが気になっていました。

そこには先生と若い男の人がツーショットで写っていたのです。

シナコは、もしかしたら陽子先生、この人と結婚するのかも知れないと思いま

したが、それは自分の胸にだけ、そっとしまっておきました。

泣きそうになるのをやっとこらえていたサクラは、両手でひんやりしている先生の手を強く握りしめ、別れを惜しんでいました。

二階の病室の窓から、ちぎれんばかりに両手を振って、バス停へ向かう五人を見送る陽子先生。

「センセ、早く窓をしめてー、寒いで風邪をひくぞー」

ジュン坊の大きな声が飛びました。

聞こえているはずなのに、いつまでもいつまでも手を振る陽子先生でした。

もう会えないかもしれないと、五人は何度も何度も何度も振り返り、どんどん小さくなっていく先生の姿を、目に焼き付けておりました。

サクラが、目を真っ赤にしてシナコにもたれかけ肩を震わせて泣きだしたのは、先生が見えなくなったあとのことでした。

しばらく、あたりもはばからずに声をあげて泣くサクラに、気丈なシナコさえ

も、もらい泣きをしておりました。

大軍曹さんの埴生の宿

里の一番奥にある大軍曹さんの家を訪ねたのは、暮れも押し詰まった、日差しのあたたかな日でした。

お寺で和尚さんと話している長身の姿を見たことはありましたが、誰も言葉を交わしたことはありません。

健太朗が大きな袋を背中と両腕に抱え、みんなで地図を見ながらの訪問でした。

玄関先に立つと、茶色に錆びついた引き戸のレールが目に入り、半分ほど開いていました。

中からは誰かが歌う野太い声がしています。

曲は五人もよく知っている、埴生の宿の歌でした。

表札には山城勘六とあり、その隣にスエとかかれている名前が黒い二本線で消されています。

最初、大軍曹さんは、何事が起きたのかと、子どもたちの訪問にビックリしていました。

五人の方も、間近で見上げる大軍曹さんの背の高さに呆気にとられたのか、口をポカンとあけて、一様に目をまん丸くしておりました。

ようやくハカセが、

「ボクは、加勢一といいます。

きょうは御蔵の里の六年生五人で、山城さんと楽しく一日をすごそうとやって来ました。

お掃除やお昼の用意をさせてください。

それに暮らしの様子も聞かせてほしいと思います」

「そうですか、ありがたいことです。さぁさぁ、むさ苦しいところですが、上がってストーブに当たってやんなさいね。まぁまぁよくおいでくださったなぁ」

すまなそうな笑顔を見せて、みんなを迎えてくれたのです。

柱も壁も、すすけた色をし、天井は雨漏りのシミで黒ずんでいます。

小さな食卓テーブルに椅子が一つ、卓上にはしなびかけたミカンが三個置かれていました。

子どもたちの目には、質素な暮らしぶりが映っておりました。

「今からボクたちは、山城さんのことをおじいさんと呼んでもいいですか」

ハカセが聞くと、

「はいはい、結構ですよ。なんなら大軍曹でも構いませんよ、鬼軍曹だけはちょっとカンベンしてくださいな、アッハッハッハ」

それだけの会話で、大軍曹さんと五人の距離が一気に縮まりました。

自分がそう呼ばれていることも知っていて、鬼軍曹はカンベンと冗談まじりの声を聞いて、急に親近感を覚えたのです。

ピリピリと張りつめていた空気が、一瞬にして和やかになりました。

特にシナコとサクラは、からだも大きくておっかないイメージをもっていましたが、穏やかなもの言いに、胸をなで下ろしていました。

「では、おじいさんと呼ばせてもらいます。

今からお掃除やガラス拭き、布団干しなんかをやらせてください。

お昼は女子がおいしい焼きそばを作ります」

ハカセの声に、まだ少し肩に力が入った感じの大軍曹さんは、

「こんな物置小屋みたいな家に、よくぞおいでくださった。

子どもさんが来てくれるなんて、初めてですよ。本当にありがたいなぁ、今は訪ねてくれるのは役場の人だけですから…」

五人の訪問に、まだまだ半信半疑の様子でした。

それからは、子どもたちと大軍曹さんの簡単な自己紹介です。

大軍曹さんは九十歳になって身内もなく、天涯孤独の身で今はひとりでひっそ

りと暮らしているとのことでした。

一人息子さんを幼少のころに、奥さんのスエさんも十年ほど前に亡くされていました。

家族団らんの場がなくなってから久しいと、寂しげに小さな仏壇に目をやりながら話す大軍曹さんでした。

最後にハカセが「…きょう一日、よろしくお願いします」と言ったそのときでした。

ガッガッガッキーン、キーン・・・つぶれたような、ゆっくりした金属音に子どもたちは思わず首をすくめて、肝を冷やしました。

文字盤の5時の数字がひっくり返っているゼンマイ式の柱時計が、十時を打ったのです。

ジュン坊が絶妙のタイミングで「♪もう動かない、おじいさんの時計♬」と、鼻歌が入って大軍曹さんも苦笑い、部屋が一挙に賑やかくなりました。

シナコは、こういうときには、お笑いの機転がきくジュン坊がいて助かるわと、内心ほっとしておりました。

そのあとは、早速大掃除です。

五人はマスク姿で、サクラとシナコはガラス拭き、ケン坊たちは床の雑巾がけや布団干しと、忙しく動き回りました。

渋いバリトンボイス

お昼になって、シナコがこしらえた焼きそばをみんなで食べているとき、ハカセは、傍らの棚に『ビルマの竪琴』という題の本が何冊もあることにオヤッと思いました。

その表紙の絵は全部違っていたのです。

食後に、そのことを聞くと、ビルマ（今のミャンマー）での日本の兵隊さんのお話で、映画にもなったと教えてくれました。

この小説が好きで、いつのまにか何冊も手に入れてしまったそうです。

「むごい戦争だけは絶対にいかんね、誰も幸せにならんですよ。

私も南方の島で地雷にあって、太ももから下の足を無くしてしまいました。

物語の中では戦争中だというのに、日本兵と敵の兵が一緒に歌う場面がでてくるんだ。戦線に歌が響き渡って、心をかよいあわせた両軍は戦いを止めてしまうんだね。

歌っていたのが、みんな知ってるかなぁ、埴生の宿の歌なんだ。

映画もよく観ましたよ、涙、涙で眼鏡が曇ったけど、信念をもって生きることの大切さをいつも教えてもらいました。

主人公の兵隊さんが、殺伐とした中でインコを肩に乗せてね、だいじにしていたシーンが印象的だったなぁ……」

名調子で、スラスラとあらすじを説明してくれたのです。

埴生の宿の歌のことも教えてくれました。

「みすぼらしい粗末な家だけど、我が家が一番楽しいという意味の歌でね、この家にピッタリですわ。

戦時中であっても、敵味方関係なく、家族や生まれ育った故郷を思う気持ちは、みんなみんな一緒なんだねぇ」

それを聞いて、玄関先での歌の訳がやっとわかった五人でした。

歌の話題の続きは、待っていましたとばかりサクラの出番です。来るときに健太朗が背負っていた大きな袋には、サクラの折り畳みの電子ピアノが入っていたのです。

「さぁ、みんなで歌いましょうね、いくわよっ」

サクラの掛け声とピアノの演奏で、埴生の宿の大合唱の始まりです。

いつのまにか右手で指揮をとり、渋いバリトンボイスの歌声を披露してくれたおじいさんでした。

一曲終わると、

「上手だなぁ、お嬢さん、もう一度弾いてくれんかね」

おじいさんからのアンコールです。

今度はサクラのピアノを、目をつむって聴きながら、ウンウンとリズムをとって首を前後にふっていました。

「大軍曹さんは戦争や家族との別れもあって、今までどれだけのつらさを乗り越えてきたのだろう。

からだも不自由になって、楽しいことはあったのだろうか。

みんなと歌っている今は幸せでしょうか。

ご苦労された分だけ、ずっと長生きしてくださいね」

サクラは、額に深いシワが目立つ大軍曹さんの顔を前にして胸にそう刻むと、鍵盤のすき間に涙がいくつもしみ込んでいきました。

戦友との約束は今も

午後からも風呂場のタイル磨きや、サクラたちは食器洗いと、五人はこまめに動き回りましたが、ここで得意技を発揮したのが健太朗です。

建て付けが悪かった玄関の引き戸が、ずっと気になっていたケン坊でした。いつもナップサックに入れているさび止めスプレーや紙やすり、ドライバーたちの出番です。

レールのさびを落とし、こびりついていた土ぼこりを払うと、開け閉めがだいぶ軽くなりました。

戸車に油をさしたおかげで、ギーギーと耳ざわりだった音もグッと静かになって、したり顔の健太朗でした。

その間、おじいさんは縁側の陽だまりに作ってある鳥かごの中で、チッチッとさえずるメジロを相手に、目を細めながらミカンのエサやりをしていました。食卓に三個あったミカンは、このメジロ用だったのです。かごに額をくっつけて、嬉しそうにメジロと会話する大軍曹さんを横目でチラッと見たハカセには、瞬間ピンとくるものがありました。

埴生の宿の小説の中で大軍曹さんから聞いた「主人公の兵隊さんが、いつもインコを肩に乗せてだいじにしていた」という言葉が耳に残っていたのです。

「インコのかわりにメジロを友だちにして、物語の主人公に自分を重ねているのかも…きっとそれに違いない」と、とっさにそう感じたのでした。

話し相手のいない家で、メジロとどんな言葉を交わしているんだろうかと、しばし楽しそうな大軍曹さんに目をやり、エールを送るハカセでした。

せわしなく動く五人の方に、時折そっと目をやっていたおじいさんは、ちょうど同じ歳ぐらいで亡くした息子さんの少年時代を、ふっと思い浮かべていたのかも知れません。

お別れに、大軍曹さんは、

「わたしの人生は先の戦争で大きく変わってしまいました。

戦友（せんゆう）が、無念（むねん）の顔をしてその間際（まぎわ）にね『おれの分まで生きて、生き抜いてくれ』

と、私に投げた言葉が、今も忘れることができません。

いのちのあること、生きていることのありがたさですね。

だから毎朝、仏壇にお線香をたいて、きょうも山城勘六は生きておりますと、亡き戦友たちに報告しているんです。

みなさんも、世界にたった一つだけの自分のいのちですから、うんと輝かせてくださいや。

きょうは久しぶりに笑って楽しい一日になりました。

来てくれて……本当にありがとう」

卒業式の校長先生のあいさつのようでした。

しまいには、しぼりだすような涙声で、長身をくの字にして頭を下げながら一行を見送ってくれました。

五人は今まで、自分のいのちについて、深く考えたことなどありませんでした。

生きているのは当たり前だと思っていたのです。

それが大軍曹さんのお話を聞いて、みんなハッと気がつきました。

「いのちあることの尊さ、ありがたさ」ということの言葉が胸にグサリと突き刺さってきたのです。

帰り道、春休みになったらまた埴生の宿を歌いに行こうねと、みんなで約束をしておりました。


このようにして、ジュン坊、サクラ、シナコ、ハカセたちの「誰か人のためになること」は、立派に成しとげることができました。

さぁ、あとは健太朗の『おじいさんとの約束を果たす』ことだけが残っていたのです。

それは、勝丸じいさんが眠る〈高いとこ〉でカサンブクの念仏を唱えることでした。

御蔵の里には、山の中腹に墓地があります。

里ではこのお墓のことを〈高いとこ〉と呼んでいたのです。

それは、山の高い位置にあることなのか、それとも、召されて天にのぼるという意味のことを言うのでしょうか、とにかくそこを昔から、そう呼んでいたのです。

だから今、五人は〈高いとこ〉を目指してリヤカーで冷たく凍る暗い山道を登っていたのです。

三学期も半ば、あすが節分という日の夜明けのことでありました。

顔を出したのは和尚さん

今はリヤカーを前で引っ張っているケン坊と、あと押しのジュン坊、ハカセの吐く息が、白い湯気をモワモワと舞いあがらせています。

山道のあちこちにある分厚い氷を、古いタイヤがバリバリと音をたてて砕いていきます。

リヤカーのわだちと子どもたちの足跡が、来た道にきれいな模様を描いています。

ひび割れた氷が所々に朝日を浴びて、ジグザグ道を眩しいほどにキラキラと輝かせていました。

それには目もくれず、ちょうど山の中腹の急な坂にさしかかっていたので、ケン坊たちは前のめりになり精一杯の力でリヤカーを前に進めていたのです。

タイヤがだいぶくたびれたリヤカーでしたから、引っ張るには、その分よけいに力が必要でした。

リヤカーはケン坊のおじいさんが、山へ仕事に行くときにいつも愛用していたものです。

急な坂はデコボコ道でもあったので、荷台にこんもりとかぶせてあるブルーシートの中からは、カタカタと大きな音が聞こえてきます。

すると「オイオイ、バカに揺れるのう」

ブルーシートの中から突然、人の声です。

シートを跳ね上げて、ピョコンと現れたのは、なんとあのじい和尚さんでありました。

和尚さんは、お寺の大きな青い座布団の上に、きちんと正座しています。作務衣の上にさらにドテラを羽織って、赤い毛糸の帽子をかぶっておりました。

「和尚さま、グラグラさせてごめんなさいね」

「しっかりつかまっていてね」

すぐ横に寄ってきたサクラとシナコが、和尚さんを心配しながら声をかけました。

リヤカーの荷台には、バケツが二個、大きな太鼓、それからグルグル巻きの赤い布、黄色とだいだい色の花、水が入った大きなタンクなどが積まれています。

「ウヒャー、さびい（寒い）なあ、もうこんなとこまで来たかや、ケン坊やい、ちょっと止まって、おろしてくれんか」

和尚さんの声に、前で引くケン坊がリヤカーを止めました。

「ちょっと用足しがしたい、オシッコじゃよ」

五人がゲラゲラ笑いだします。

ふざけたジュン坊が、

「和尚さまぁ漏らさんように、少し我慢ください。人生は我慢が必要であります。さぁリヤカーを進めましょう」

「ジュン坊、もう限界だいね、我慢できんワイ。どうかお助けくださらんか、たったっ頼むぅ」

泣きそうな声で、腰をあげた小柄の和尚さんを、男衆三人でだいじにおろしてあげました。

暫くすると突然、キャラキャラっと、鋭い鳥の声が聞こえました。

「あっ、あそこ、ヤマセミだ、見て見て見てっ」

ジュン坊が杉林の方向を指でさします。

カワセミの一種で山にいるのがヤマセミで、三十センチぐらいある珍しい鳥で

す。

白と黒のまだら模様（もよう）で、頭にニワトリのトサカのような冠（かんむり）をつけています。

みんなで、めったに出会（であ）うことのないオシャレなヤマセミを食（く）い入るように見つめます。

「ウーン、ヤマセミを見るのは二十年ぶりぐらいになるかな。

ジュン坊ありがとう、長生きはするもんだい、いいもの見せてもらったなぁ」

和尚さんが満足（まんぞく）そうに毛糸の帽子を撫（な）でておりました。

御蔵山の杉林は、野鳥（やちょう）たちの絶好（ぜっこう）の棲（す）み家（か）でもあったのです。

中でも里の野鳥の大使（たいし）は、可愛（かわい）らしいヤマガラでした。

背中（せなか）と胸がだいだい色のヤマガラは、ツィツィ、チッチーと何ともゆっくりしたさえずりの人懐（ひとなつ）っこい鳥です。

里にもたくさん下（お）りてきて、庭（にわ）に巣箱（すばこ）を作って餌（えさ）やりをしている人も多く、みんなの目と耳を楽しませてくれています。

里のあちこちには『ようこそヤマガラの里へ』という看板が、鳥のイラストを添えて立っており、まさに観光大使でした。

シナコとサクラは、道のはしっこの、花に群がる蜜蜂の観察でした。ひっきりなしに花の蜜を集めていく働き蜂です。

ふたりは日増しに濃くなる春の気配を、蜂の動きから感じとっていました。

お地蔵さまを囲んで

リヤカーから離れて、子どもたちが道ぐろ（道路の脇）のお地蔵さまの前に来たときでした。

ここで休憩しようと声をかけたのは、和尚さんでした。

眼下に里の集落、それを囲む田んぼや小川、放牧場の乳牛たちの姿を、遠くに見下ろすことができました。

昔とちっとも変わっていない里の風景を、暫く懐かしそうに眺めやる和尚さんでした。

リヤカーを覆っていたブルーシートをお地蔵さまの前に敷いて、みんなで車座になって休憩です。

いつもの通り、シナコがお話の口火をきります。

「健太朗くん、カサンブクの練習の中で、何か印象に残っていることがあったら、お話してくれないかしら」

今からの主役となる健太朗に声をかけました。

「自分は親さまや浜千鳥の念仏の文句を覚えるのが大変でした。今日やる親さまだけは、しっかり暗唱してきたから大丈夫です。太鼓をたたく練習が、一番楽しかったかなぁ」

ボソッとゆっくり話すケン坊に、みんなが拍手です。

もちろん和尚さんもウンウンと満足そうに頷いておりました。

お念仏は、念仏を申す人（亡くなった人）が、どういう人なのかによって、唱える念仏の文句が違ってきます。亡くなった人が親さま（父や母）なのか、子どもなのか、それらによって、供養のための念仏が変わるのです。

子どもさんが亡くなったときの念仏は浜千鳥という名前がついています。ですから、五人は幾つかのお念仏をお寺の本堂で和尚さんから特訓を受けていたのです

話はいろいろと進んで、お地蔵さんのことに移っていきました。

「ここの地蔵ドンはね、子育て地蔵さんじゃよ。赤子（赤ちゃん）がじょうぶに育つようにって、みんなの母さんたちもお願いに来た地蔵ドンなんだ。

お地蔵さんはね、子どもが大好きだから、こうしてみんなに囲まれると、もう嬉しくてしょんないだよ、ホラね、笑っておるじゃろ」

和尚さんならではの、楽しいお地蔵さま講話でした。

お話の途中でサクラが、みんなで食べようと竹皮に包んできた草団子を取り出すと、お腹が減っていた男衆は、目を輝かせました。

きのう、サクラは、おばあちゃんといっしょにヨモギの新芽を摘んで団子をこしらえていました。

サクラのおばあちゃんは、草団子づくりの名人で里では有名です。

療養中の陽子先生のお見舞いのときに持って行った草団子も、サクラのおばあちゃんの手づくりでした。

「ウヒャー、うめえなあ、もう一個もらいまーす」

ジュン坊が、食べながら次の団子に手をのばしました。

「ずうずうしいわね、順之介、もっとゆっくり食べなさいね」

シナコがその手をピシャリとたたきます。

おなかの虫が騒ぎ始めていたハカセとケン坊も、ヨモギの香りを味わうひまもなく、大口をあけてほおばっていました。

「和尚さま、あったかいお茶をどうぞ」

「おやおや、サクラちゃんは気いつくのう、ええ嫁さまになるぞ、旦那さんは幸せもんだわ、いやいや、どうもありがとう」

和尚さんの言葉に頬を赤らめ、はにかんだ笑顔でチラッとハカセの顔に目をやったサクラでした。

サクラのその視線を横目でしっかり見ていた和尚さんが、

「おい、ハカセくんやい、ワシの言うことを今聞いておったか」

食べることに夢中で、口をモグモグさせてばかりのハカセは、和尚さんの声に

【エッ、なにっ】と怪訝な顔をしておりました。

まだまだ花より団子かと顔をしかめた和尚さんが、次に話を仕掛けた先は健太朗です。

イジメがあったら健太朗へ

「ところでケン坊、学校で風紀委員長とは大変だな、少し前の学校新聞にイジメにあったら健太朗に通報せよとか書いてあったなぁ。

それで相談は何かあったのかい」

和尚さんが、あまり口を開かないケン坊に鉾先を向けました。

「はい、一件ありました」

「ほう、そうかい、それは和尚に話してもらえるようなことかい」

「はい、ここにいるみんなも知っていることで、もう解決したことですから、サクラちゃんいいよね」

それには、サクラもウンと頷きました。

「相談に来たのは、このサクラさんでした。

サクラが同じ六年生で隣村の男子から『お茶屋の娘でもコーラを飲むのか、笑っちゃうな』って、からかわれたとメソメソしてきました」

続けてサクラが、

「それがジュン坊から言われたなら平気なのにね、その子のネチネチした言い方がすごく嫌だったの。

だから風紀委員長のケン坊に友だちのよしみで、それってイジメに当たるのかなぁって、気楽な気持ちで相談したんです」

「なるほど、それでケン坊、そのあとはどうなったんじゃ、ワシもその先、顛末が気になるわい」

「はい、そのことでハカセやシナコたちと児童会を開きました。

人の嫌がることは些細なことでも続けるとイジメにつながると思って、男子を児童会室に呼び『桜子さんに謝ってきてください』と頼みました。

そのあと男子からは『ゴメンねって謝ってきました。これから気をつけます』と、報告を受けました。

それで、この件は一応終わりになりました。

ハカセ、それで間違いないよね」

ボソボソと思いだしながら話す健太朗に、ハカセが指でオーケーのサインを出しました。

「なるほどケン坊、それはよかったのう、大岡越前の守忠相みたいな名奉行じゃな、いや、そんな昔の人の名前を言ってもわからんか、こりゃ失礼、でも成長したなぁ健太朗、ほめてつかわすぞ」

和尚さんがケン坊をヨイショしている間に、あっというまに団子がなくなって、残りあと一個になったときのことです。

サッと素早く手を出してとったのは、意外にもいつも控えめなサクラでした。

その団子を、お地蔵さんの前にそっとお供えしたのです。

お地蔵さまが一段と嬉しそうな顔をしておりました。

林の中からは、今度はアオゲラ（キツツキ科）のピョーピョーと甲高い声がひときわ大きく聞こえています。

杉林の山道に、朝のあたたかな光が幾筋もさしこんできていました。

鳥たちも一日の始まりでしょうか、あちこちとせわしなく動き回る羽音もウンと活発になっています。

里よりも一足早く、御蔵山に春を引きつれてくる野鳥たちのさえずり合戦が始まっていました。

みんなが目指している〈高いとこ〉は、もうすぐです。

「さあもう少しだぞ、オレ達カサンブク五人衆、最後の仕事じゃ、がんばるぞ、オー！」と、ジュン坊が立ち上がって右手のこぶしをつき上げました。

みんなもオーと声を張り上げます。

〈高いとこ〉までは、もうスグのところまで、リヤカーがせまって来ておりました。

高いとこで親さま始めっ

五人組がめざしていた〈高いとこ〉へ、やっと到着です。

高さや形が違う墓石のほとんどが苔むして、ひび割れた木の塔婆が並んでいます。

陽がさしているのに人の気配もなく、うら寂しい空間が広がっていました。

お正月には、色とりどりに墓前を飾っていたはずの花たちも、今はみんな色を失っていました。

ところどころに咲いている、黄色いタンポポだけが、お墓全体を飾り、白い綿毛はふわりふわりと風に吹かれておりました。

墓石の頭上にはカラスが、お墓の番人のように、あちこちに止まって、時折しわがれた声をだしています。

もん白蝶も、いそがしそうに舞っておりました。

シナコとサクラは岩田家之墓と書かれた墓前に、黄色とオレンジ色のキンセンカの花をお供えします。

キンセンカの花言葉は『別れの悲しみ、静かな思い』です。

花のスケッチをよくするサクラは、そのことを知っていました。

だから健太朗の気持ちを察して、この花を用意してきたのです。

男衆は、水を含ませたタワシで墓石をゴシゴシみがいてから、お線香をあげました。

そんな準備をしているときに、里の成年会の人たちが、六人ほど、車で応援にかけつけてくれたのです。

前年の秋ごろから、お寺でカサンブクの練習を見守り、暗い夜道も一緒に帰ってくれるなど、何かと面倒をみてくれた人たちでした。

健太朗は背中のナップサックから、折箱に詰めたニンジンほっしい（ニンジン芋でつくった干し芋）を出して、お墓の前に供えました。

ニンジンほっしいは、おじいさんの大好物であったのです。

暫くして〈高いとこ〉一帯に和尚さんの読経が響きます。

さぁ、いよいよカサンブクの始まりです。

ジュン坊が大太鼓をたたいて「イッチョヤレヤレヤレヤレヤレ…」と掛け声をかけると同時に、ハカセがカサンブクを高く振り上げました。

ハカセがポツンと墓前に立つ健太朗に向かって、

「亡くなったのは、どなたさまですか」

「ボクの勝丸おじいさんです」

健太朗が答えます。

カサンブクを高く掲げたハカセが
「念仏を申す。気をつけ、礼。親さま始め」

大きな声の号令をかけます。

カサンブク大将（たいしょう）、健太朗

するとお突然、和尚さんが、

「ちょっと待った。健太朗くん、キミがカサンブクを持って天国（てんごく）のじいさまに見せてやんなさいね。きょうは、お前さんがカサンブク大将だいね」

言われるとおりに、ハカセがカサンブクを健太朗に渡（わた）します。

カサンブクを持つ健太朗の横には、ハカセとシナコとサクラが一列（いちれつ）に並（なら）んでいます。

リヤカーに乗った太鼓をジュン坊がドーンと打ちました。

太鼓の音に続いて、ハカセが〈せいのぅ親さま始め〉と改めて掛け声をかけて、いよいよ念仏の開始（かいし）です。

♫帰命頂礼（きみょうちょうらい）わが親の—

野辺の送りのそのときはー
千段たきぎを　つみくべてー♬

調子のよい軽快な子どもたちの歌念仏に、和尚さまも数珠を持って両手で合掌です。

健太朗はカサンブクの持ち手をギュッと握っています。

七五調の念仏のリズムに合わせて、うつむき加減にカサンブクを前後にゆっくりと振ります。

「じいちゃん、見ているか、約束どおり健太朗が今、高いとこでカサンブクをやってるんだよ、ホラ、見てくれているよね」

胸の中でそう叫ぶと、あの勝丸じいさんの金歯の笑顔が、目の前にはっきりと浮かんできたのです。

そして亡き祖父を思う気持ちが一挙にこみあげてきたのか、忍び泣きする健太朗でした。

みんなは厚いダウンの上着を脱いで、白いシャツに白ズボン、白い運動ぐつ、それに胸には赤いタスキでネクタイをしていました。

背中には麦わら帽子をつるしています。それがカサンブクの正装でありました。

歌念仏が終わると、

「にぎやかにやってもらってありがとう。

健太朗くん、勝丸じいさんは、ケン坊ありがとう、ありがとうってな、墓の中でもう大喜びだわね。

嬉しそうな顔と声が、子どものころ一緒にお念仏をしたことがあるワシには見えるんじゃ、聞こえるんじゃよ」

和尚さんが、両手を合わせ、拝むようにして健太朗に頭を下げました。

御蔵の里では、ずっと昔、カサンブクの行事は子どもたちが世間に出る前の大切な儀式でもありました。和尚さんも自らカサンブクを経験して、里のみんなに育ててもらってきたのです。

自身の遠く幼きヤンチャ時代を、懐かしく思い浮かべているような和尚さんでもありました。


とうとう五人の〈高いとこ〉でのカサンブクもお仕舞いです。

この場所でカサンブクが舞い、念仏が響くのも初めてでした。

勝丸じいさんだけでなく、〈高いとこ〉に眠っている里の人たちも、きっと昔懐かしいカサンブクを見て、聞いてくれたことでしょう。

一緒にやってくれた四人と和尚さんに改めて「ありがとう、ありがとう」と、ていねいにお辞儀をする健太朗でした。

勝丸じいさんとの約束を果たせたことで、胸のつかえがおりたのか、いつもの堂々とした横綱の顔に戻っていました。

「ケン坊、干し芋もらっていくよ、勝丸さんの代わりにこの和尚が味見させてもらうわ。あーあ、生きてる者は幸せじゃ、いただきます」

和尚さんが合掌しながら、作務衣のふところに、ちゃっかりと折箱をしまいこみます。

音も立てずに近づいて、干し芋をそっと狙っていたカラス三羽が、和尚さんを怖い顔でニラミつけると、怒ったように騒がしく遠ざかっていきました。

その様子にサクラとシナコがクスッと笑っていました。

そうそう、一つ大ニュースがあります。

六十年ぶりの復活

途絶えていた御蔵の里のカサンブクがなんと六十年ぶりに復活です。

子どもたちの念仏が終わったあと、成年会の人たちが和尚さんの回りを取り囲むように寄ってきました。

「今年のお盆には、自分たちが音頭をとりますから、子ども念仏を復活させてください。カサンブクのご指導、よろしくお願いします」

和尚さんにそう言って相談にきたのです。

前の年からお寺で五人の練習ぶりを見ていた成年会のメンバーは、カサンブクを復活させようと、その準備を内々で進めていました。

「それはいい、大賛成じゃ、イヤー、八月が待ち遠しいわい。

生きているうちにカサンブクがまた見られるとは思ってもみなかったわ。

今年はたしか初盆の家が一軒あったな、練習はお寺を使ってくださいや」

子どもらには、あとで話をしておきますからと、ニコニコ顔で返事をする和尚さんでした。

今、里のあちこちに『心つながる里、みくら』と書かれた〈のぼり旗〉が立っています。

役場の支援を受け、成年会が中心となって展開している取り組みです。

◎田舎だからこそ味わえる豊かな暮らし〈みくら〉

◎人情と居心地の良い里〈みくら〉

それらをうたい文句に、ここに住む人たちが『つながる』こと、それが継承したい御蔵の里の伝統文化、そして財産でもあるとの提案です。『子どもたちを里のみんなで育てよう』という目標もあります。成年会ではその一環として昔あった子どもの伝統行事カサンブクの復活を考えたものでした。


時計は午前十時を少し過ぎていました。

今朝、みんなが暗いうちに出かけたのは、和尚さんにお昼過ぎから珍しく法事の席があったからでした。

一休みしてからの帰り道は、みんなの足どりも軽く来るときと違って、リヤカーはスピードを出して坂を下ります。

こうして、五人の誰か人のためになることの計画は、全て立派に成しとげることができたのです。

ハカセとのつらい別れ

この三月にハカセは父親の仕事の関係で遠くへ引っ越しすることになっています。

シナコは、少し離れた町の中高一貫校に進学の予定です。

サクラはハカセが、いつ引っ越しするのか、その日のことがずっと気になっていました。

だけど、みんなの前では、恥ずかしいのか聞くことができませんでした。

ハカセが里をはなれる日、サクラは無人駅の小さなホームで見送りするつもりでいたのです。

キンセンカの花束と自分でこしらえた草団子を、ハカセにそっと渡すシーンを想像していたサクラは、もうそれだけで目をうるませておりました。

みくら

リヤカーは山道から里の集落に入って、もうお寺の鐘つき堂も見えてきました。お寺の上空あたりを、帯状に淡い黄色の煙が風に流されて行きます。

「オーオー、すごいナゴじゃなぁ」

和尚さんが、上を向いて声をあげました。

ナゴとは、春先に杉の花が開いて、その花粉が固まって大空を飛んでいくことを指します。

鯉のぼりのような形をして流れていくナゴに、子どもたちもしばし見とれていました。

「あんな風にして、これからみんなも遠くへ飛び立っていくんだわな。

だけど、いつかこの御蔵の里に、また帰ってきておくれや。

ふるさとは、いつになっても、おまっさたちを待ってるからね』

あどけなさが残る顔を一人ずつ追いながら、ちょっと寂しげにつぶやく和尚さんでした。

お寺の山門をくぐると、なんともよいニオイです。

五人はリヤカーに乗った和尚さんをほったらかしにして、香ばしいニオイがする方へかけだしました。

おばあさん（和尚さんの奥さん）が境内で五平餅を七輪で焼いています。

「ハイハイご苦労さまでしたな。

そろそろ腹をすかして帰ってくるころじゃと思って焼いていたんね。

おばぁの五平餅はうますぎてアゴがはずれるかもしらんよ。

孫八さんの炭を使っとるから、味噌がゆっくり焦げついて余計においしいんね、さぁ食え食え」

ぶっきらぼうな言い方でしたが、子どもたちへの眼差しは愛情に溢れていました。

五人は、口のまわりに味噌をベッタリくっつけながら、ものも言わずにムシャムシャやり始めます。

サクラがおばあさんに、

「おいしい五平餅ごちそうさま、おばあさんはよく気がつきますね。ワタシもそんな風に気がつく人になれるかしら」

「大丈夫よ、里の人はね、誰にも優しくて人情に厚い人たちばかりだから心配ないわね、サクラちゃんも生粋の御蔵育ちだから安心なさい。しっかりした大人になること間違いなしだわね」

サクラには心もウキウキする言葉が返ってきました。

五平餅をくわえながら、ケン坊たちは忘れてきた和尚さんをリヤカーから降ろしに走っていきます。

「ヤイヤイ、ワシの新品の作務衣に、味噌をつけちゃいかんぞ、いいかや、気を付けておろしておくれ、味噌をつけたら洗濯代は払ってもらうからな」

和尚さんがまた冗談をかましました。

「さぁさぁ、上にあがろうかな、お昼過ぎから法事の席があるから、ゆっくりはしちゃおれんわ』
和尚さんの声で、みんなは本堂への階段に向かいます。
そうして健太朗が本堂の障子（しょうじ）の引き戸を開けたそのときでした。

陽子先生と婚約者（こんやくしゃ）

「アッ、陽子センセ」

びっくり仰天（ぎょうてん）したのは五人です。

みんなの目が陽子先生に集まって、ワッと取り囲みハイタッチでの再会でした。

「センセ、いつ退院したの」

「やったぜー、元気になってよかったなぁ」

「陽子先生、いつここに来たんね」

「きょうは里に泊まっていくの」

「えっ、先生、どうしてここにいるんですか」

五人は一斉に話しかけ、先生の肩や腕にもたれかけて大喜びです。

「ちょっと待って、待ってよ…」

と、金切り声をあげた先生でした。

「体調も随分良くなったからって、特別に外出を許可してもらって来たのよ、おかげ様で来月には退院です。

　きょう、お寺にみんなが集まるって聞いたから、顔がどうしても見たくなってね。

　あのーちょっと紹介するワ……」

先生の隣には、背の高いイケメンの若い男の人が立っています。

「こちら、わたしの婚約者の神宮寺さんです……」

先生はちょっと照れくさそうな顔をしていました。

シナコには、すぐわかったのです。お見舞いのとき、ベッドの枕もとにあったツーショット写真の人だったからでした。

本堂の青い座布団に座って背を丸めた和尚さんが、これでええ、これでええんじゃと、ニンマリしています。

きょうの昼前に、お寺の本堂に来て欲しいと、陽子先生に電話でお願いしたのは和尚さんでした。

みんなをビックリさせてやろうと思いついた、ちょっとした心づかいであったのです。

子どもたちには、そのことは知る由もありませんでした。

「フッフッフ、カサンブクの五人衆、これがワシからのごほうびじゃ、喜んでもらえてよかった、よかった」

内心ひとりご満悦な和尚さんでありましたが、この子たちがもうじき遊んでくれなくなると思うと、寂しい気持ちにもなって複雑な胸のうちでした。

畳に横一列にきちんと座った五人に、慈愛に満ちた表情を浮かべた和尚さんが、ゆっくりと言葉をかけました。

「カサンブクの衆、みんなありがとうさん、ようやってくれたのう、訪ねてくれた孫八さん（炭焼きのじいさま）や勘六さん（大軍曹さん）もたいそう喜んでいましたな。

この正月に二人が寺にお参りにきたときだったな、みんなに礼を言っておったわ。

ひとりきりでいる年寄りを訪ねてくれたことが、よっぽど嬉しかったんでしょうな。

相好を崩して（にこやかな表情）そのときの様子を話してくれましたよ。

そんな二人の顔を見ていたら『ジュン坊たちが本当にいいことしてくれた』って、和尚も胸が詰まって泣きそうになりおったわい。

おまっさたちの思いやりの気持ちが、しっかりと伝わっていたんだね。

今、みんなの目の前にな、体や心を痛めた人がいたとしたら、迷うことはない、すぐに手を差し伸(の)べてやっておくれや。

そうすると、自分の心もうんと弾(はず)んであったかくなるもんだわ。

生きている今の時間を大切にしてくださいな。

いつの世になっても、今は今だということを心においてくださいな。

いやいや、本堂でこうして座ると、どうしてもいつものクセで説教(せっきょう)じみた話になってしまうな、すまんが勘弁してやんなせい」

するど、陽子先生も、

「和尚さまのおっしゃる通りなの、先生も療養所にいるときは、先のことが不安(ふあん)で落ち込んでいたのね、心も折れそうになっていたのよ。

そんなとき、みんなが来てくれて、先生とっても嬉しくて、泣いちゃったの。

みんなが先生を待っていてくれると思ったら、ふさいでいた気持ちが、いっぺんにどこかへ消えちゃったのよ、病(やまい)は気からって本当、それから急に元気がでちゃったみたい……」

と、子どもたちに感謝の言葉をかけてくれました。

本堂で泣いたシナコ

陽子先生に続いて、五人を代表するようにシナコが、

「誰かのためになることをして、六年生の思い出づくりをしようと計画したことが、全部しっかりとできました。

加勢クンたちみんなの協力のおかげです、ありがとう。

わたしは今、すごく充実（じゅうじつ）した気分です。

五つの思い出づくりを通して、自分から言うのもちょっと照（て）れくさいですが、何かうんと人にやさしくなったような気がしています。

以前は両親（りょうしん）や友だちから注意されると、すぐにカッとなって、ツンツンして言い返すこともしばしばありました。

〈だってだって〉と、いつも自分本位にばかり考えていました。

今はそれが恥ずかしく思うくらいで、自分の〈おこりんぼ虫〉がどこかへ旅に出たような感じです。

和尚さまがよく口にする『人にはやさしくあれ、いつかそれが自分にも返ってくる』という言葉が、ほんの少しわかったような気がします。

大軍曹さんや炭焼きの孫八さんたちを訪ねて、学習したこともありました。

それは相手の気持ちを考え、相手の立場に立って行動すれば、自然と思いやりの気持ちがわいてくるということです。

同時に、いろいろな生き方、暮らし方があることも教えてくれました。

五人の五つの計画は誰かのためだけじゃなくて、自分にも大きな気づきをもらったように思います。

生意気を言うようですが志那にとっては、それが一番嬉しかったことです。

何かつらくて、いやなことがあったときは、五人で頑張った五つのこと、わたしは必ず思いだすことにします。

それに、この御蔵の里に生まれてきてよかったと、改めて里の良さに気がつきました。

和尚さま、ずっとこれまで、私たちの面倒をみていただいてお礼の言葉もみつからないほど感謝でいっぱいです。

それに陽子先生、入院中なのに、わざわざ来てくれるなんて恐れ多くて泣きそうになっています。今こうしているのも、先生のお手紙にあった〈思い出づくり〉のヒントのおかげです。ありがとうございました。

それからご婚約、おめでとうございます」

感情をこめて声を少し震わせながら、一気に語るシナコでした。

ハカセたちはウンウンと頷きながら盛大な拍手をシナコや和尚さん、陽子先生たちに送っていました。

労いの言葉に、首を前後にふってご満悦そうな和尚さんが、

「志那ちゃん、ワシの説教よりもずっと説得力のある、素晴らしいお話じゃったよ。いやいや、ありがとうさま。こんないいお話を、里の子から聞けるとは思ってもいなんだわね」

と、シナコをほめちぎってのお返しでした。

胸の昂ぶりを必死にこらえていたシナコでしたが、ついに感極まったのか、紅潮した頬に一粒、二粒と光るものがこぼれ落ちていきました。

いつもとは反対に、サクラがシナコの膝にそっとハンカチを置きました。

はばたけ里の五人衆

終わりに陽子先生が、

「三年生のころは、甘えん坊で、ちょっと心配だったけど、みんな真っ直ぐに立派に成長してくれました。

あっという間にもう中学生、さっき学校に寄って素晴らしい卒業文集見せてもらったの。二十年後には、みんなどうしているのでしょう、楽しみです。

先生の好きな言葉は〈自分らしさ〉、皆さんも自分らしさを存分に発揮してください。

どこまでも高く強く、たくさんの夢を叶える未来が待っていますから、胸を張って進んでいってくださいね。先生すごく期待しているわ。

和尚さま、子どもたちへの温かいお心遣いを頂戴し、ただ感謝するばかりです。

和尚さまは私たち教師以上に、まさに里の大先生で子どもたちは本当に幸せだと思います。

この静かな本堂は里の最高の教室だと思います。

いろいろとご配慮をありがとうございました」

子どもたちへの激励と、和尚さんの細やかな愛情に対するお礼の言葉で上手に結(むす)んでくれました。

遠くから聞こえていた乳牛たちの、のんびりとした鳴き声を打ち消すように、ちょうどお昼のサイレンが静かな里に響(ひび)き渡りました。

明日はもう節分、本堂には、豆まき用の木升(きます)が三角形(さんかくけい)に高く積みあげられています。

里のみんなが境内に集まって、春を呼ぶ大歓声(だいかんせい)が御蔵山にも響くことでしょう。和尚さんも衣冠束帯(いかんそくたい)（頭に冠をつけたりする正装）で、豆をまくことになっています。

もちろん五人も福豆を拾(ひろ)いにきます。

御蔵の里は、もう木々(きぎ)の芽も日ごとにふくらんできました。

ウグイスたちの心地よいさえずりが、競(きそ)い合うようにして境内に響き渡っています。

のどかな里に、明るい春の光が、もうすぐそこまできているのです。

御蔵の里の仲良し五人組も、四月からは中学生になります。

岩田健太朗。

鈴木順之介。

加勢　一。

中村志那。

平田桜子。

里でのいろいろな思い出を胸に、すくすくと頼もしい巣立ち（すだ）の春を迎えるのです。

完

あとがき

『思いやりの心を育むような物語を何か綴っていただけませんか』

静岡県人権・地域改善推進会から、そうお話があったときのことです。

『思いやり』という言葉に、昭和の激動期を女ひとりで私を育ててくれ、薄幸な人生を早々に駆け抜けていった母の顔が、胸に浮かんできました。

私が生まれた年、父が外地で戦死したというつらい報が母に届きます。

『人には親切にせんといかんよ、いつかお前も誰かに助けてもらう日がきっとくるからね』人の気持ちを人一倍大切にした母の口癖でした。

幼い私に、そう諭してくれた母も鬼籍に上って、はや四十三年になります。

お盆の時期になると、母は決まって『母さんの初盆にはトッタカ（遠州大念仏）を呼んでにぎやかに送っておくれ』そう哀願の眼差しを見せていました。

母の生まれた田舎の村ではその昔、子ども念仏カサンブクが盛んでした。

カサンブクの山車の後ろに夜遅くまでくっついて行ったという話は、もう大正の時代に遡るずいぶん昔のことになります。

母はトッタカに幼少時代のカサンブクを重ねていたのかもしれません。

約束通り、私はトッタカを自宅に招き、初盆をにぎやかに納めました。

そんなこともあって【思いやり】という言葉から、母の大好きだったカサンブクの伝統行事を物語の柱にしてみました。

御蔵の里の六年生五人組には、これからの長い人生、それぞれのステージで感動をいっぱい味わって欲しい。

そして、多くの友や師と出会い、互いに励まし励まされ、愛し愛されて、かけがえのない命の花を咲かせて欲しい。

それがあの〈じい和尚〉さんの、心からの願いと期待であると思います。


結びに、本企画をいただいた静岡県人権・地域改善推進会の天野会長様、事務局の宮田様をはじめ、本書発刊に格別のお力添えをいただきました静岡新聞社の編集担当様、挿絵担当の鈴木まり子様に改めて深く感謝と敬意を表し、あとがきとさせていただきます。

澄志田　瓢策

澄志田瓢策
すましだ　ひょうさく

1945年生まれ、静岡県浜松市出身。

平成7年「先生になった三平くん」で日本動物児童文学賞大賞(内閣総理大臣賞)。ノンフィクション作品「葦原の軌跡」で浜松百撰文芸賞最優秀賞受賞など。

中日新聞に【瓢策のふるさと児童文学館】を連載、短編33作品を発表。

「学校の食事(学校給食関係者への月刊誌)」に栄養士の活躍を綴る【淳子先生物語】を連載。

作品はいずれも、おもいやりの心、やさしさへの応援歌といった作風でほのぼのとしたタッチで描かれている。

著書に、「動物なんでも先生の三平くん」理論社「ハヤブサ五郎の急降下」パロル舎「ほたるの里で」パロル舎「アッチチ釜ゆでイボ蔵ちゃま」新風舎など

挿絵
鈴木まり子
本名：島田真理子

1980年、兵庫県生まれ。平成18年、大阪造形センター卒業後、イラストレーションの仕事を開始する。

主な作品に「ハヤブサ五郎の急降下」「ほたるの里で」がある。

静岡県人権・地域改善推進会のオリジナル物語【ともだちの島】のイラストを担当する。

ぼくはカサンブク大将
2023年3月31日　発行

著者	澄志田瓢策
挿絵	鈴木まり子
装丁・デザイン	bee'sknees-design
発行者	静岡県人権・地域改善推進会
発売元	静岡新聞社 〒422-8033 静岡市駿河区登呂3-1-1
電話	054-284-1666
印刷・製本	橋本印刷所

ISBN978-4-7838-8069-1 C8039